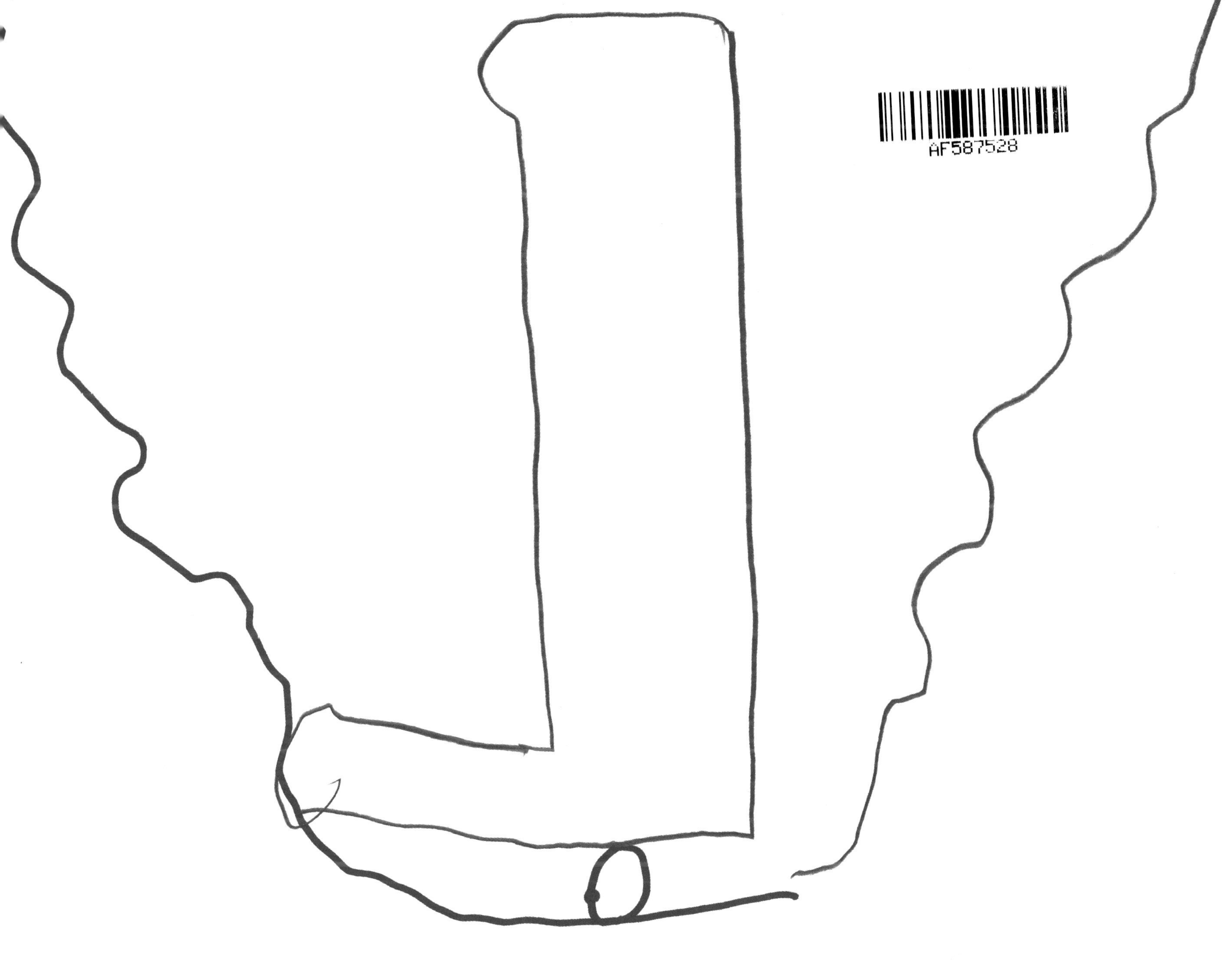
AF587528

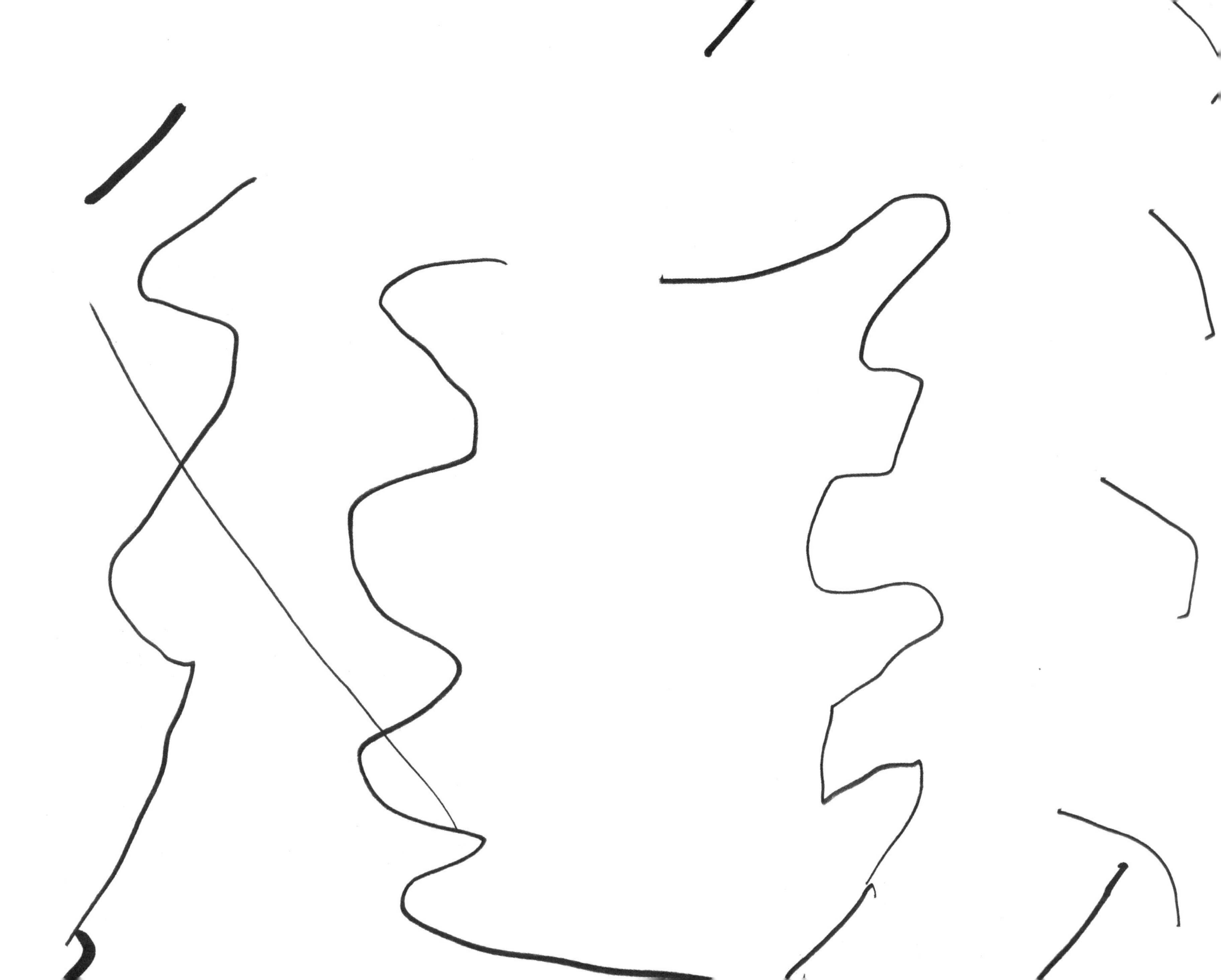

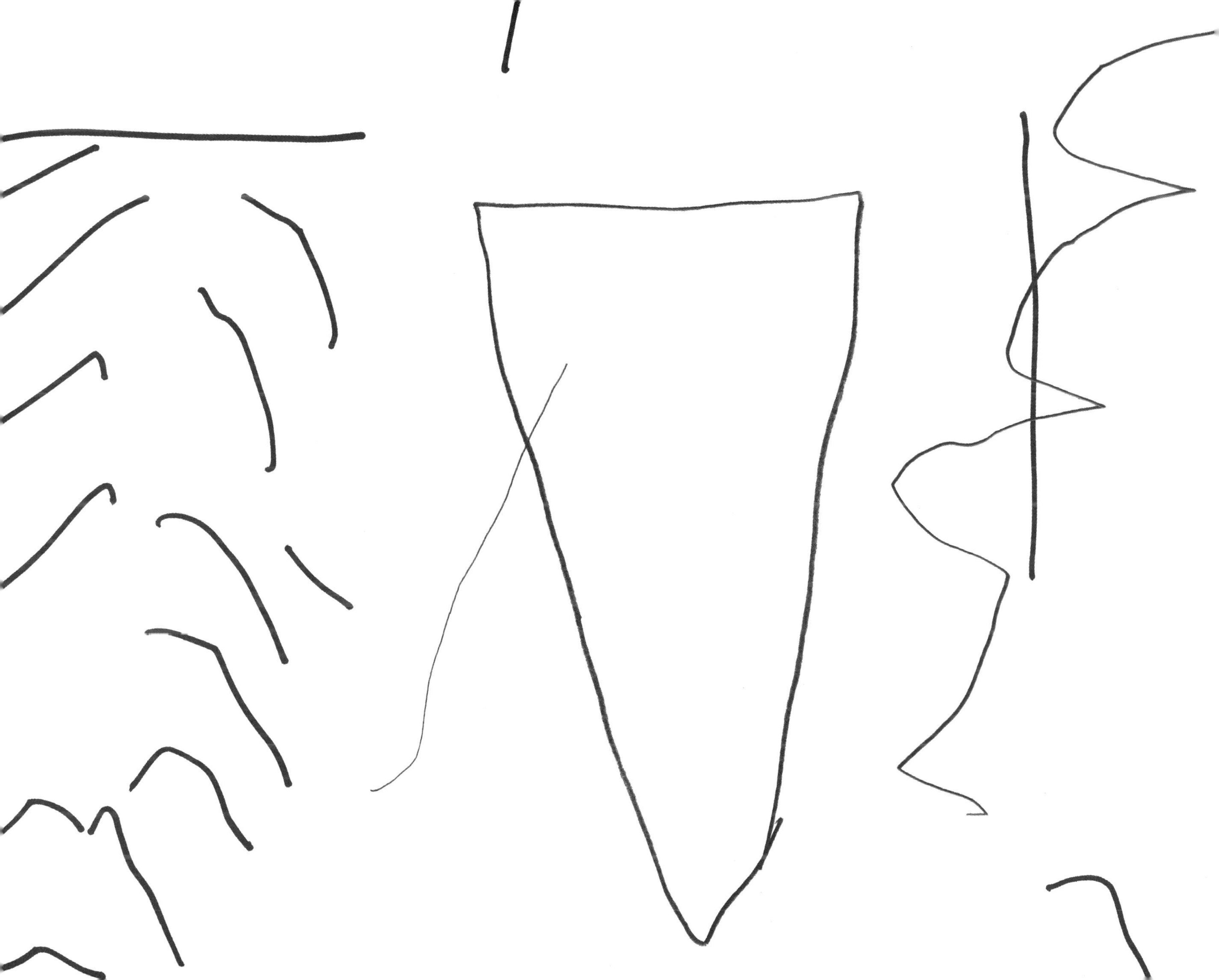

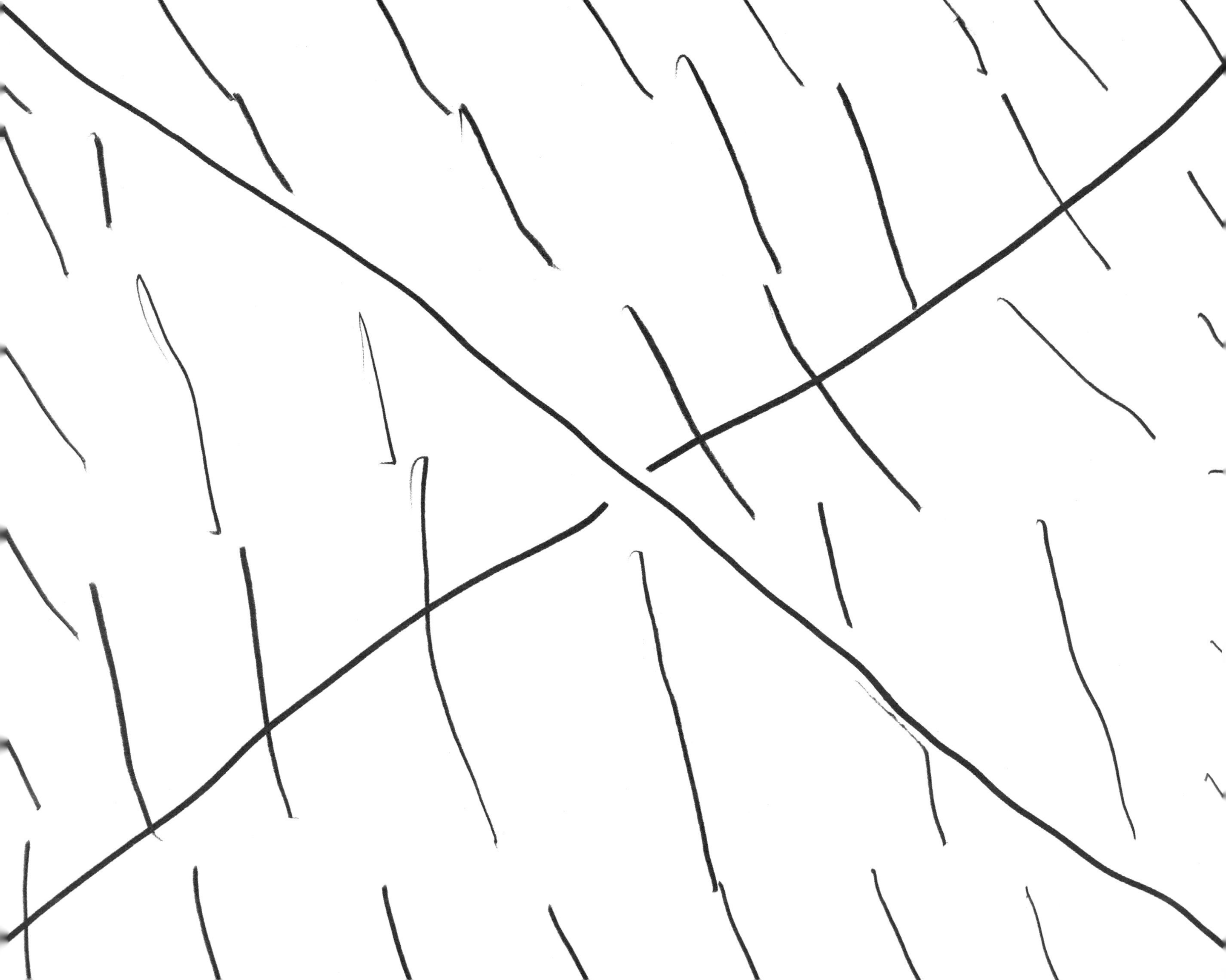

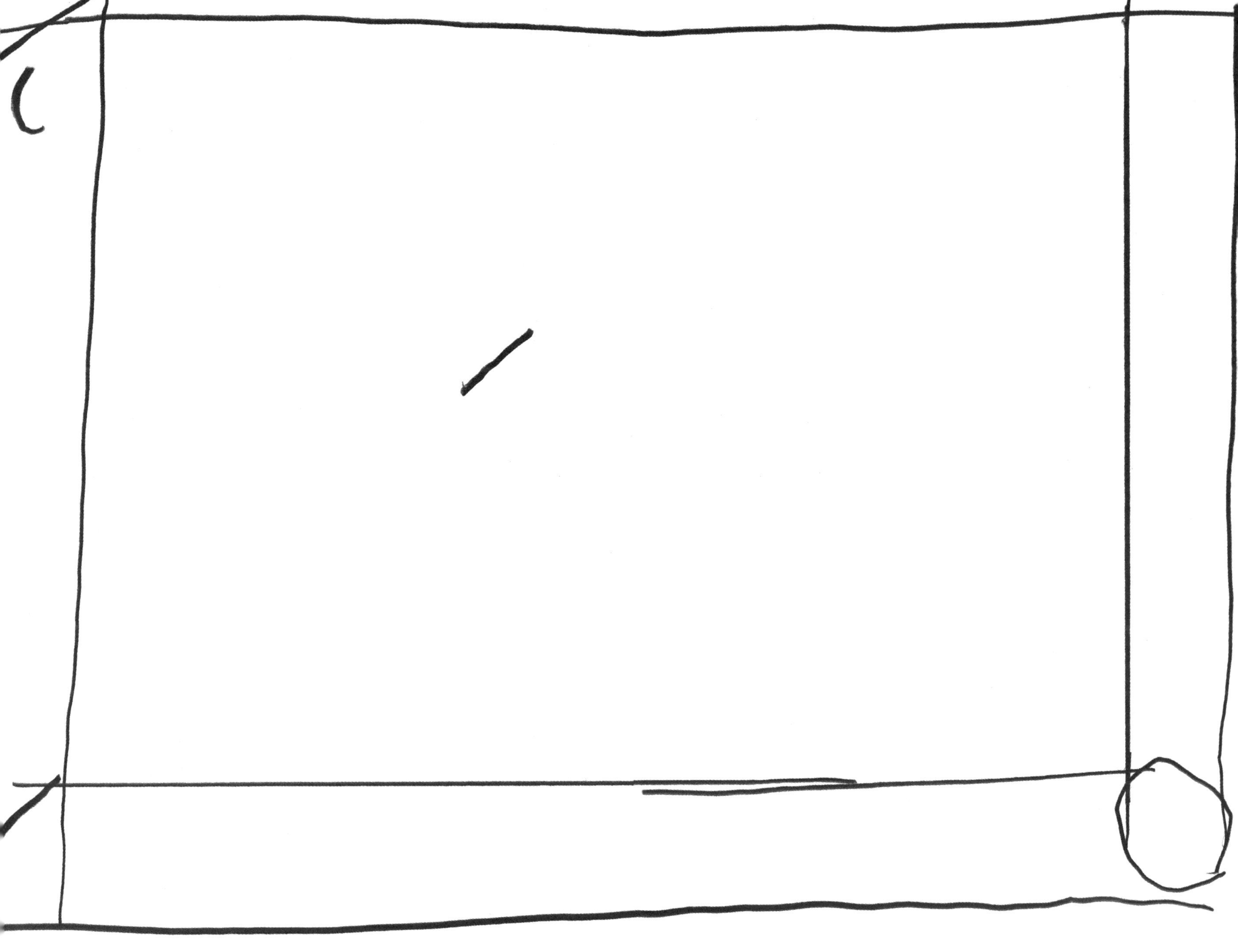

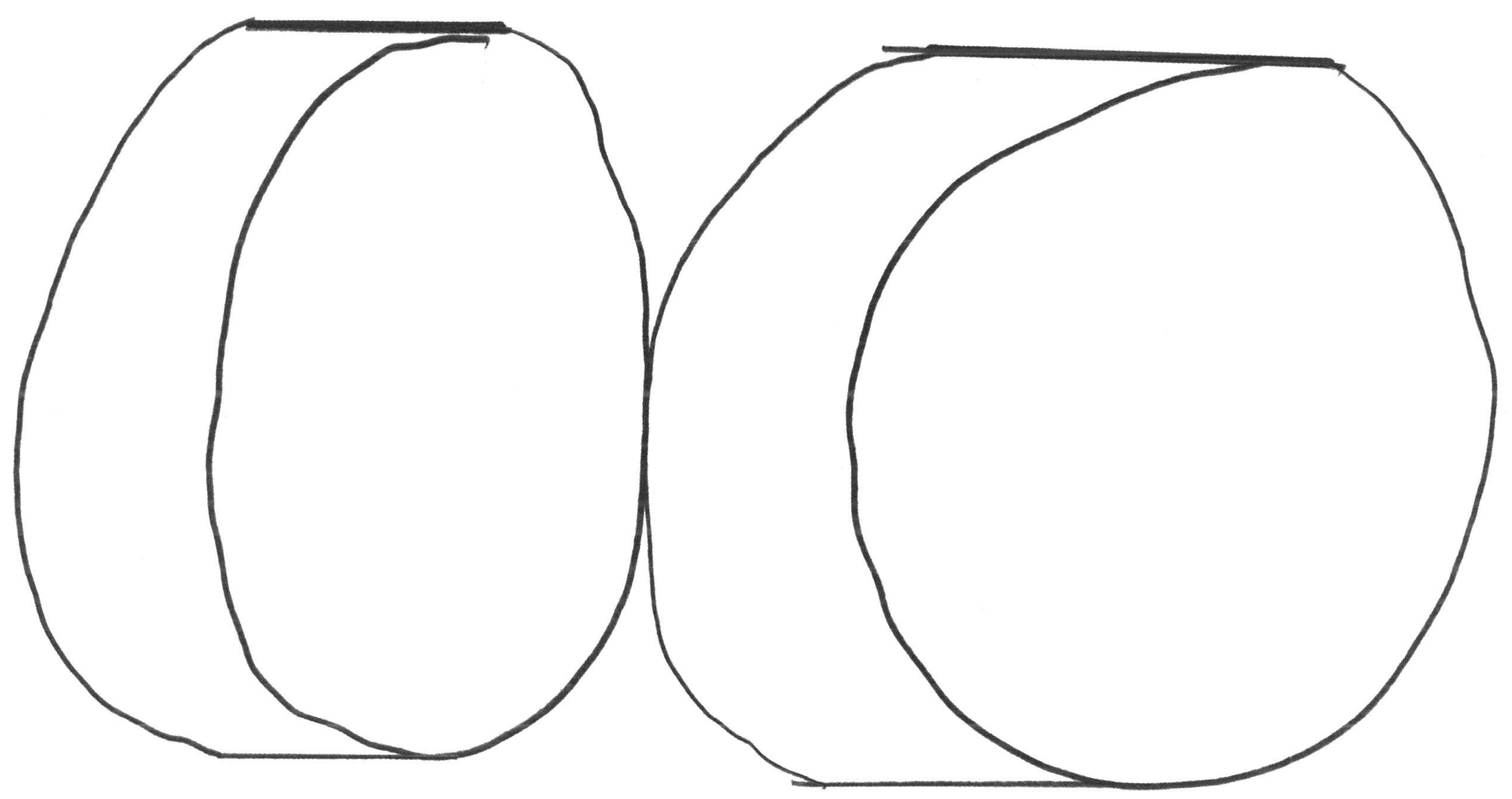

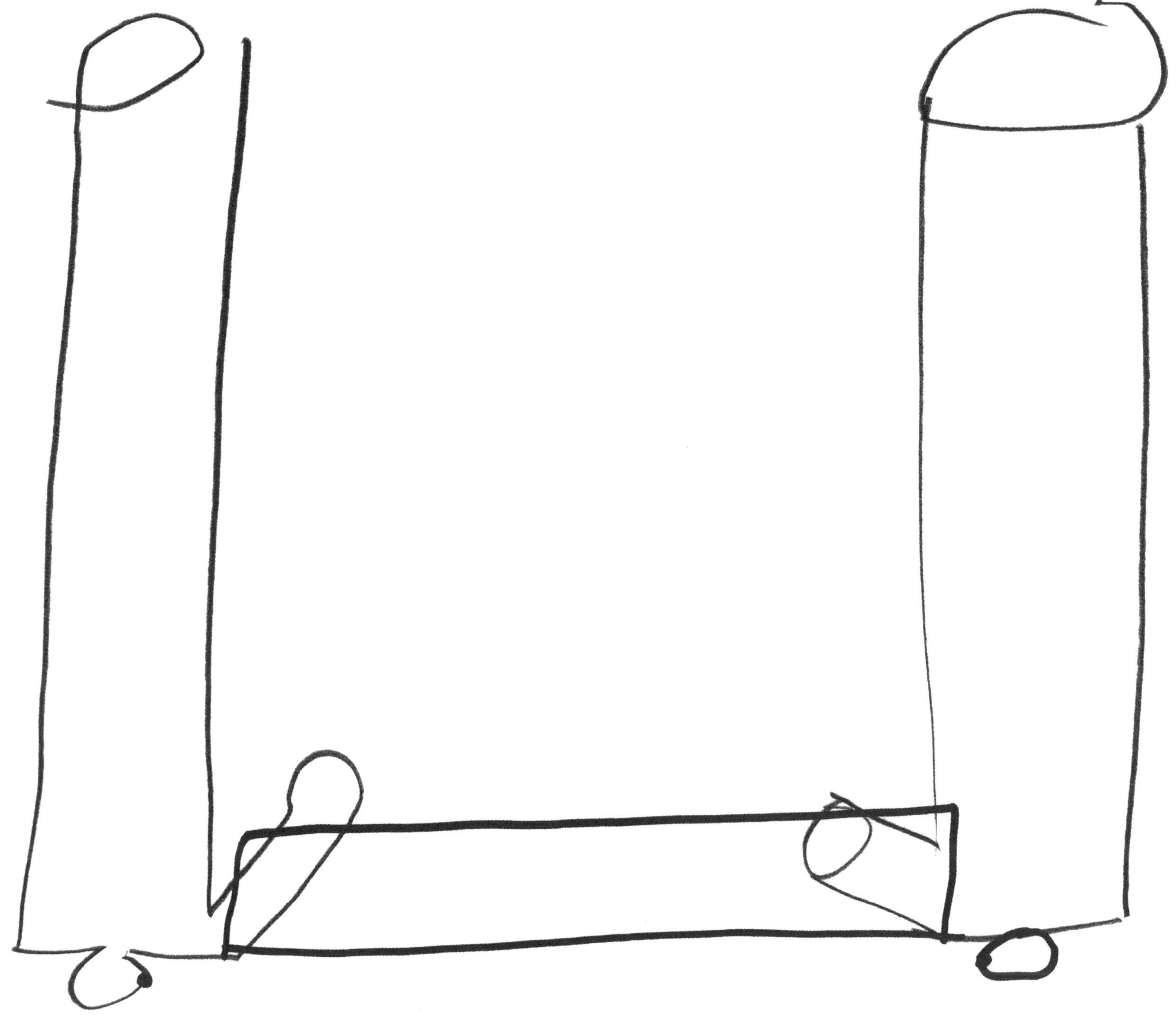

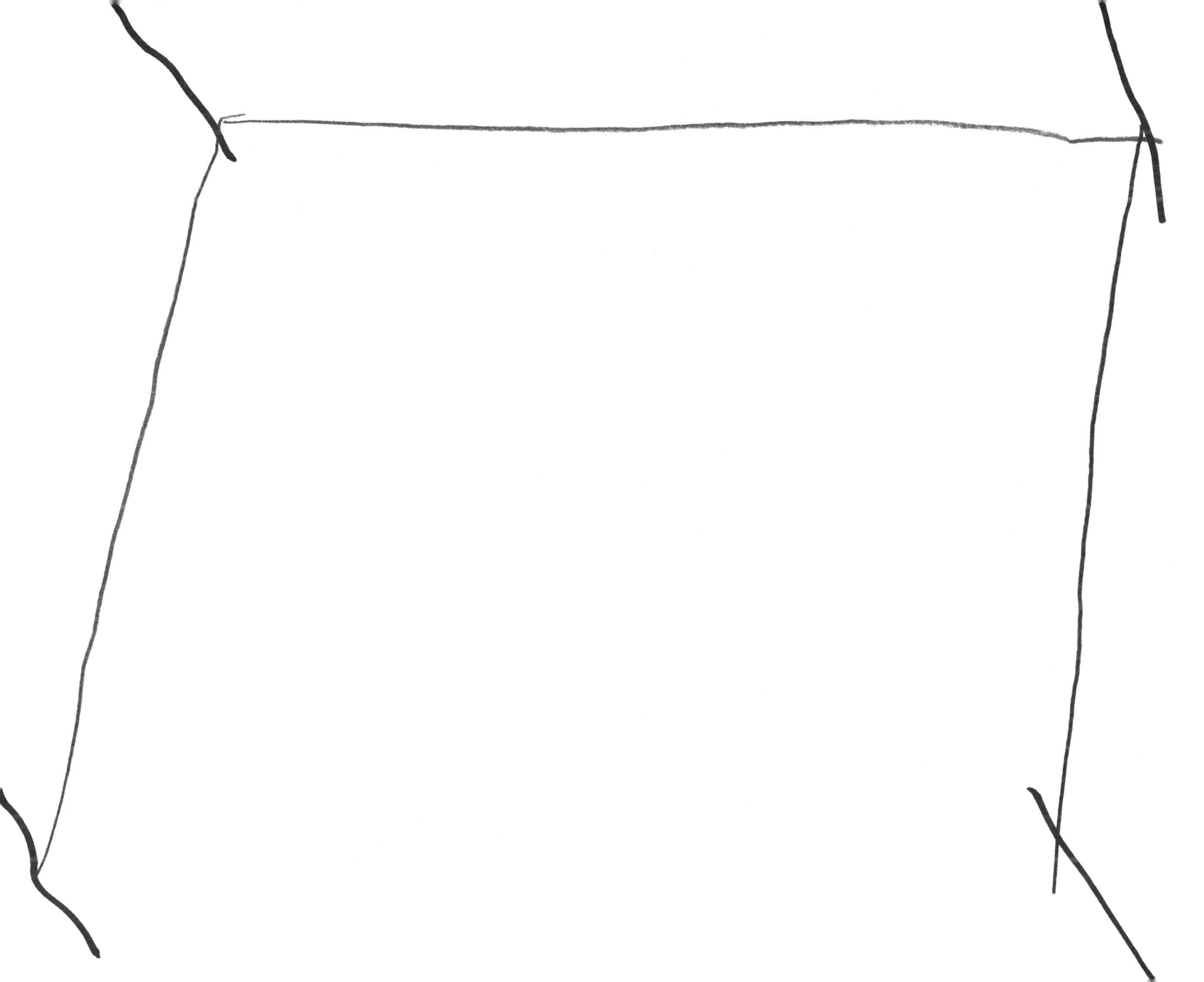

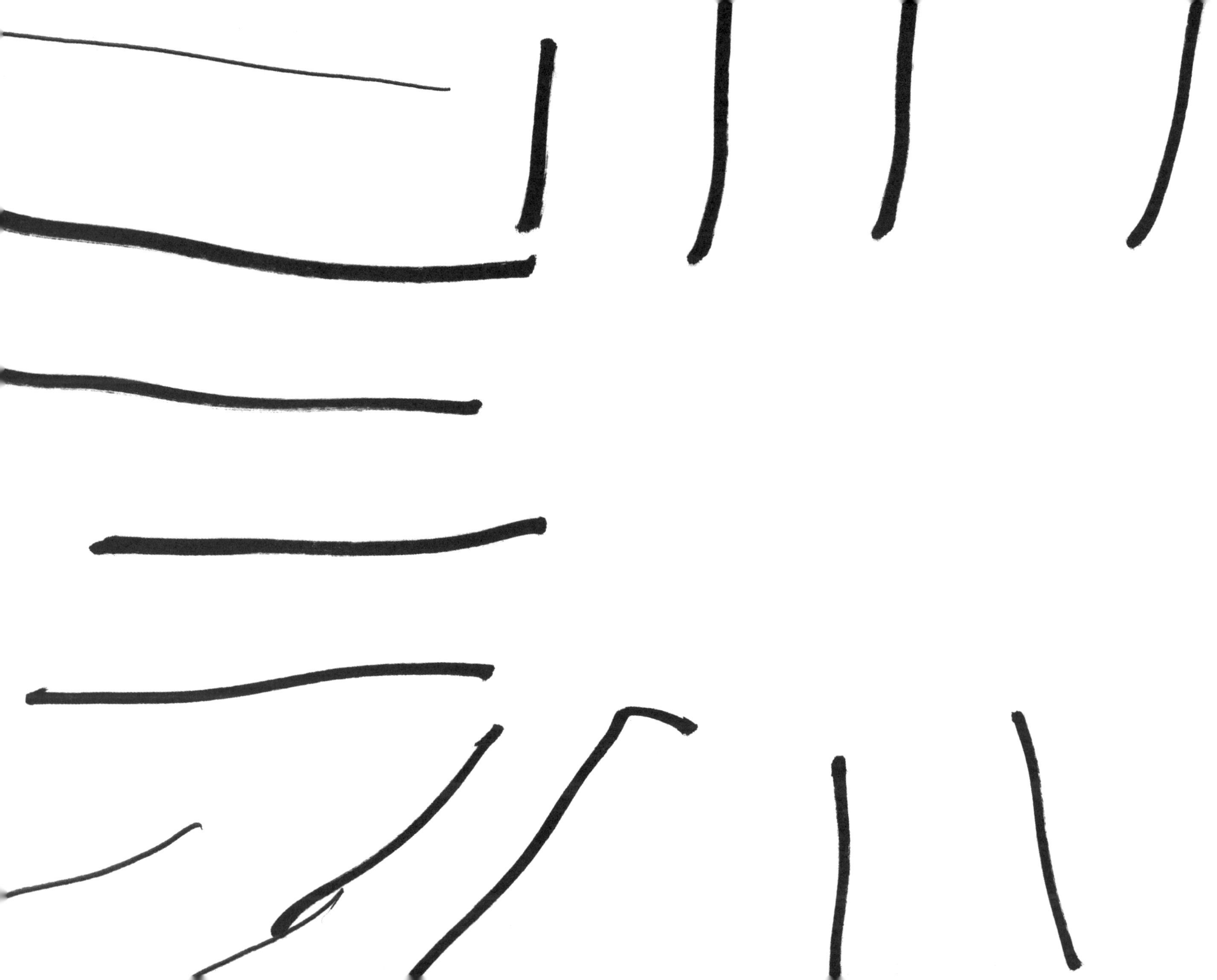

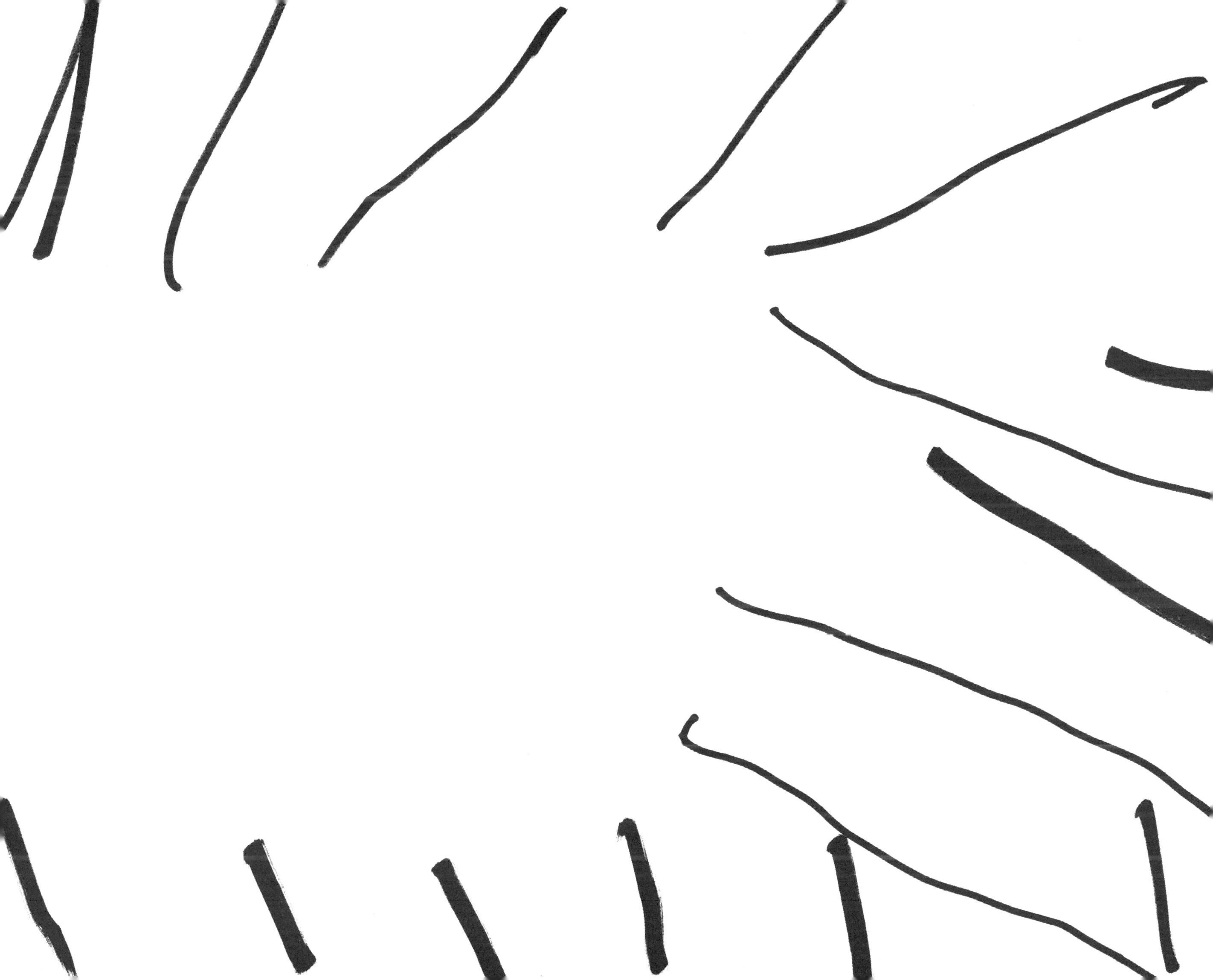

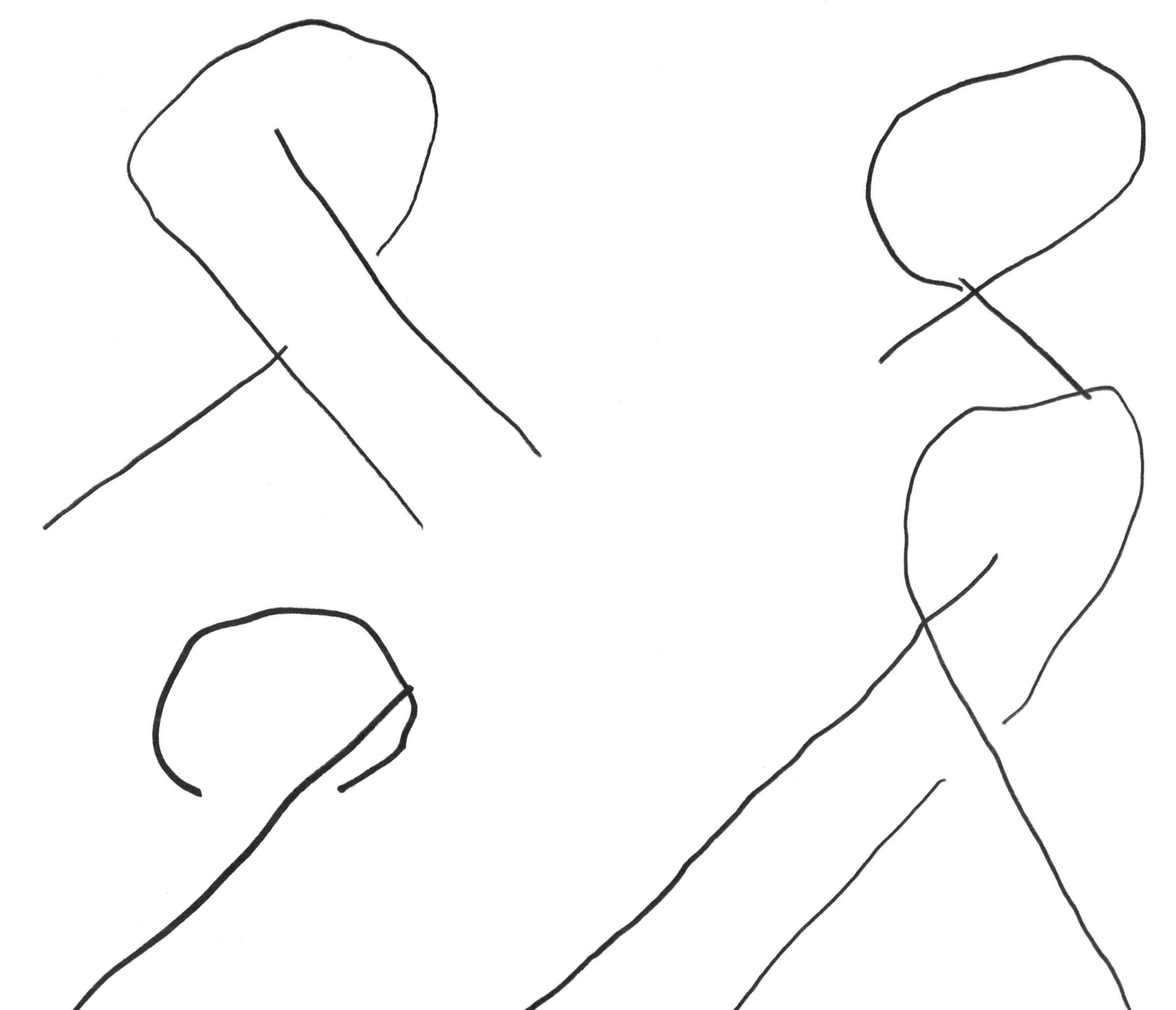

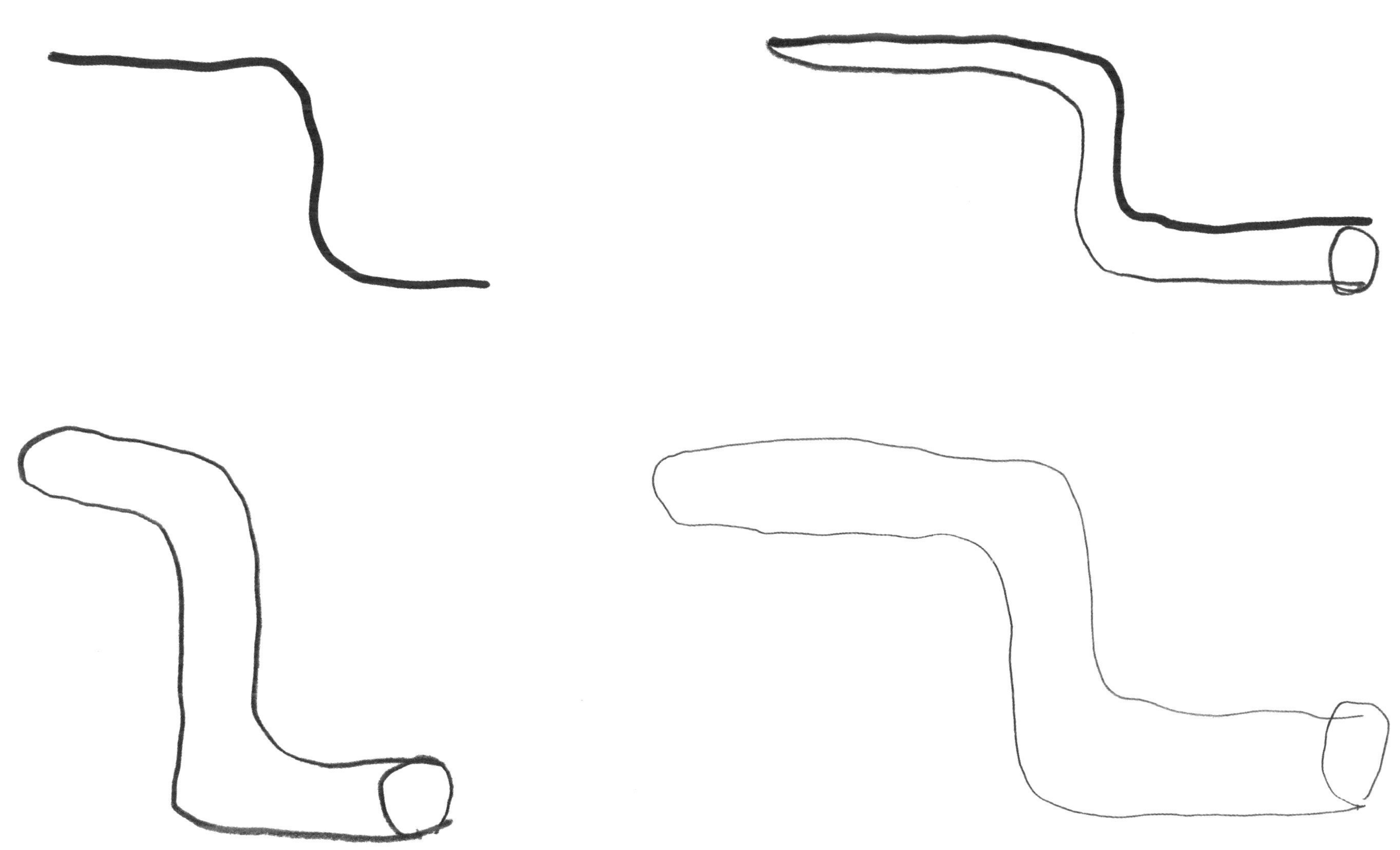

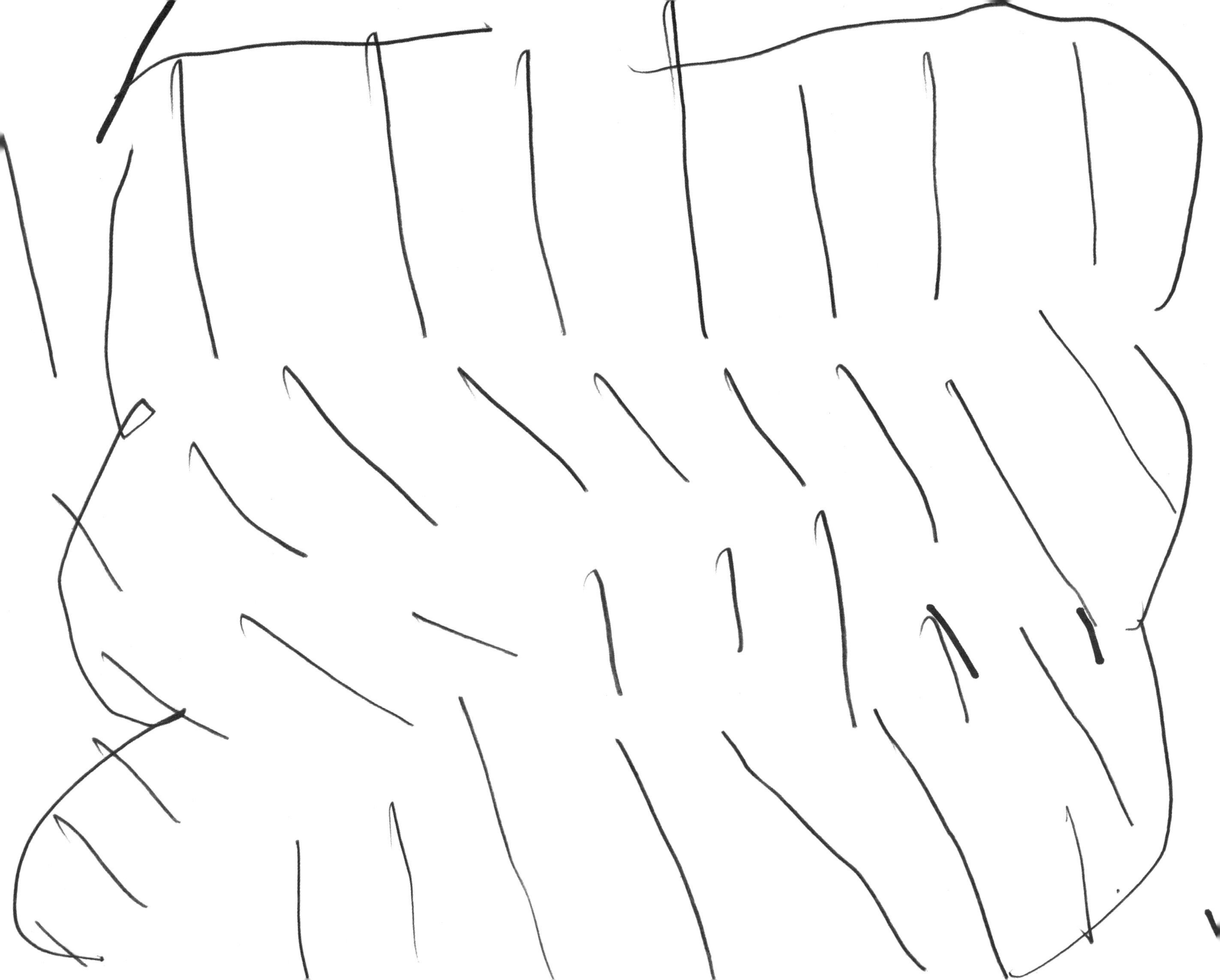

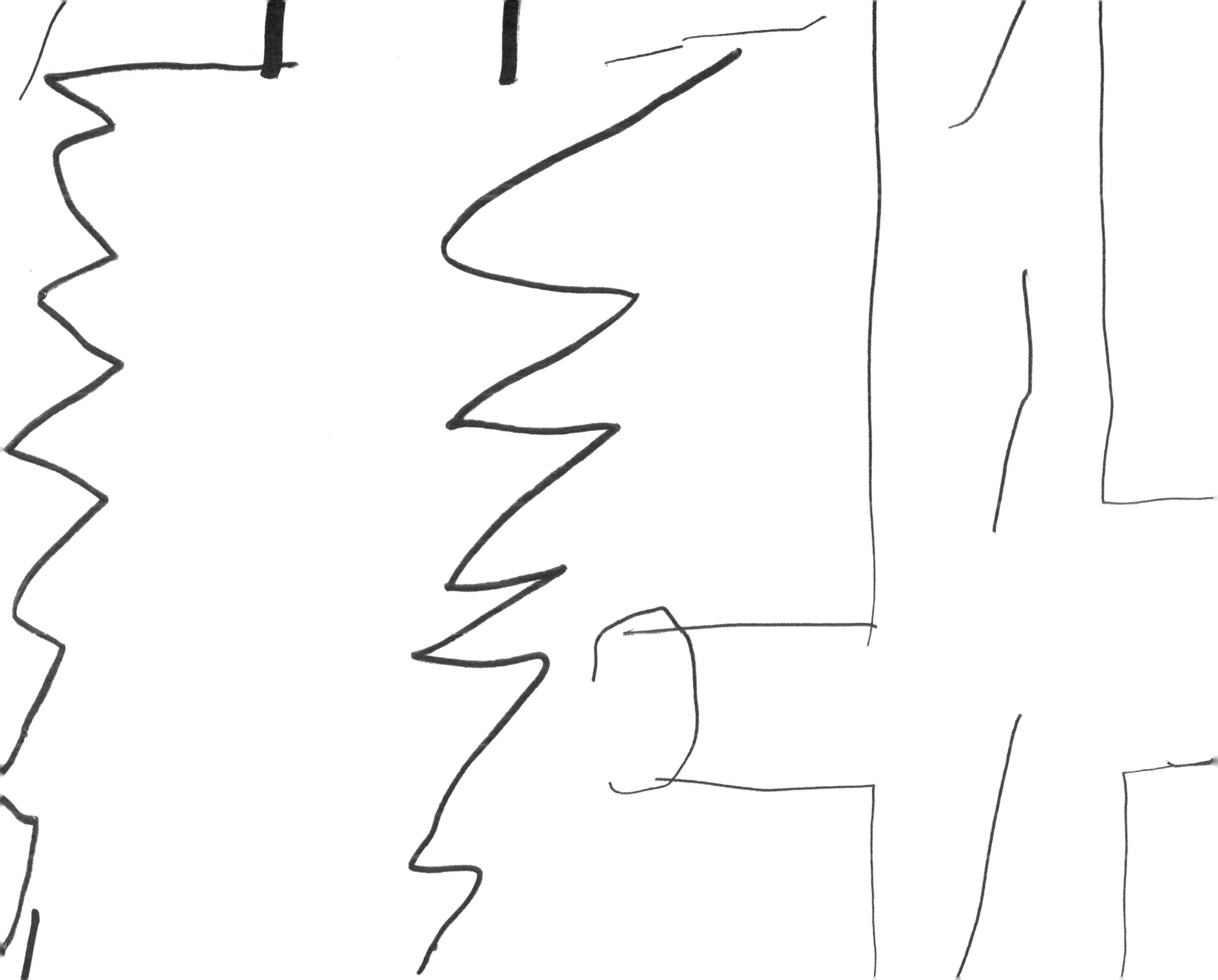

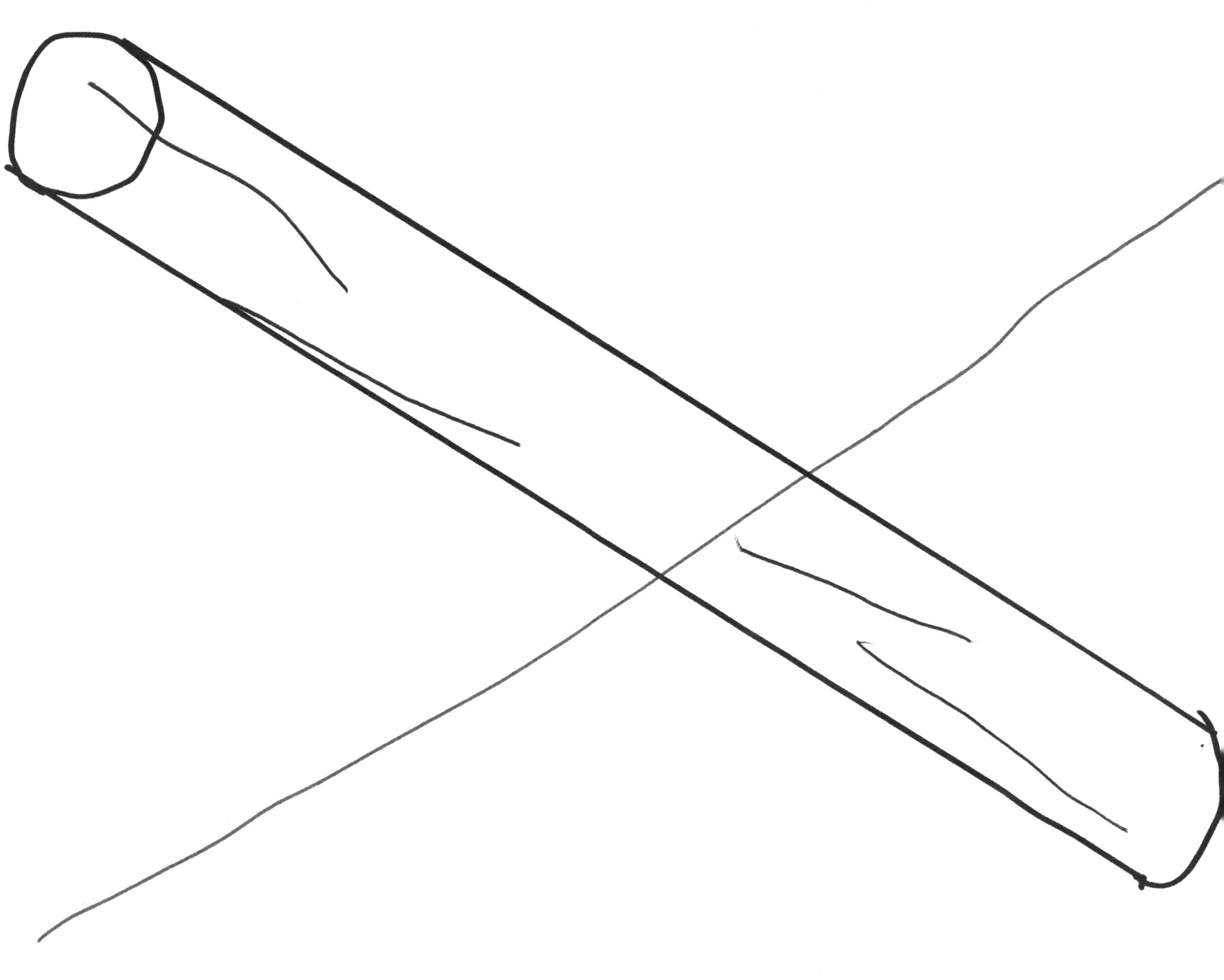

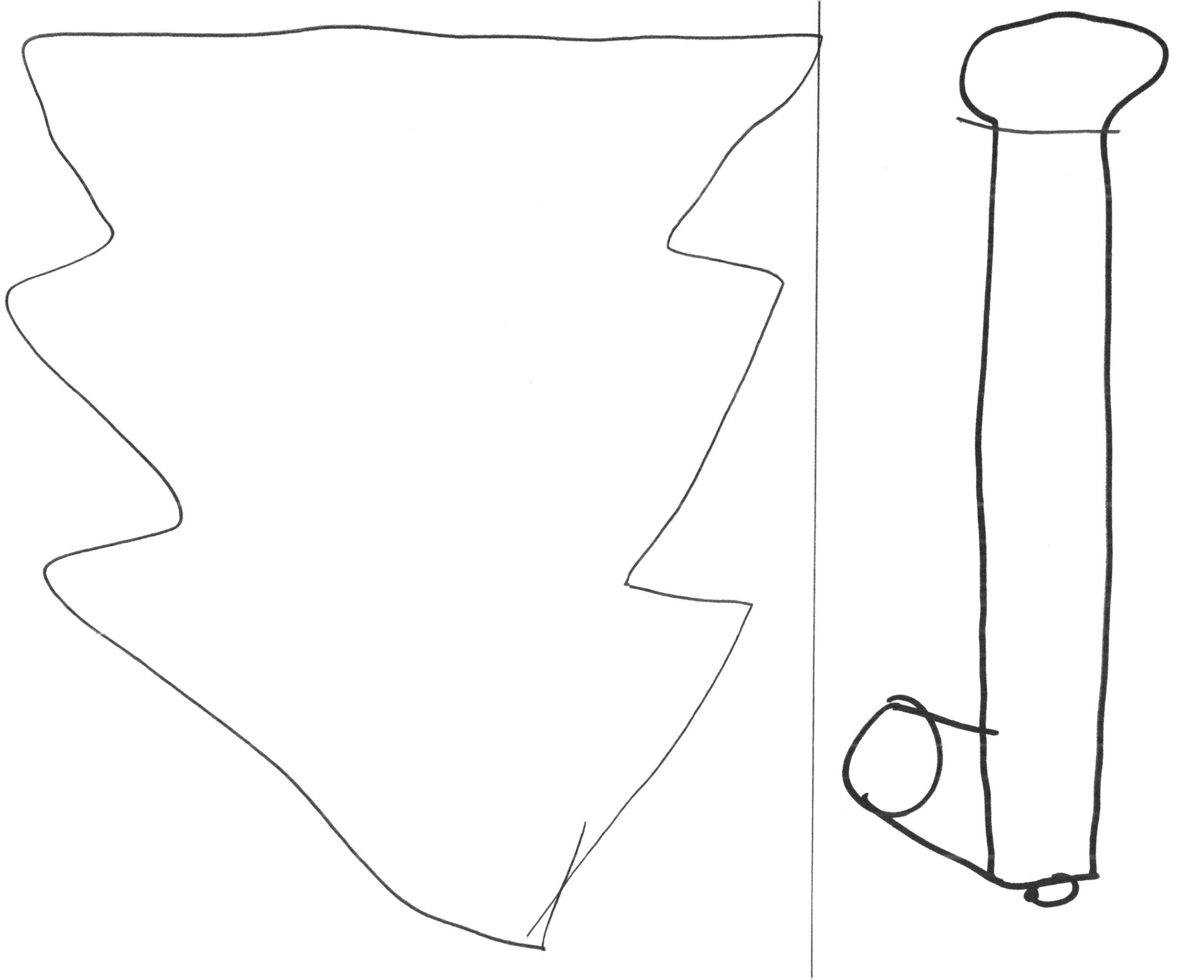

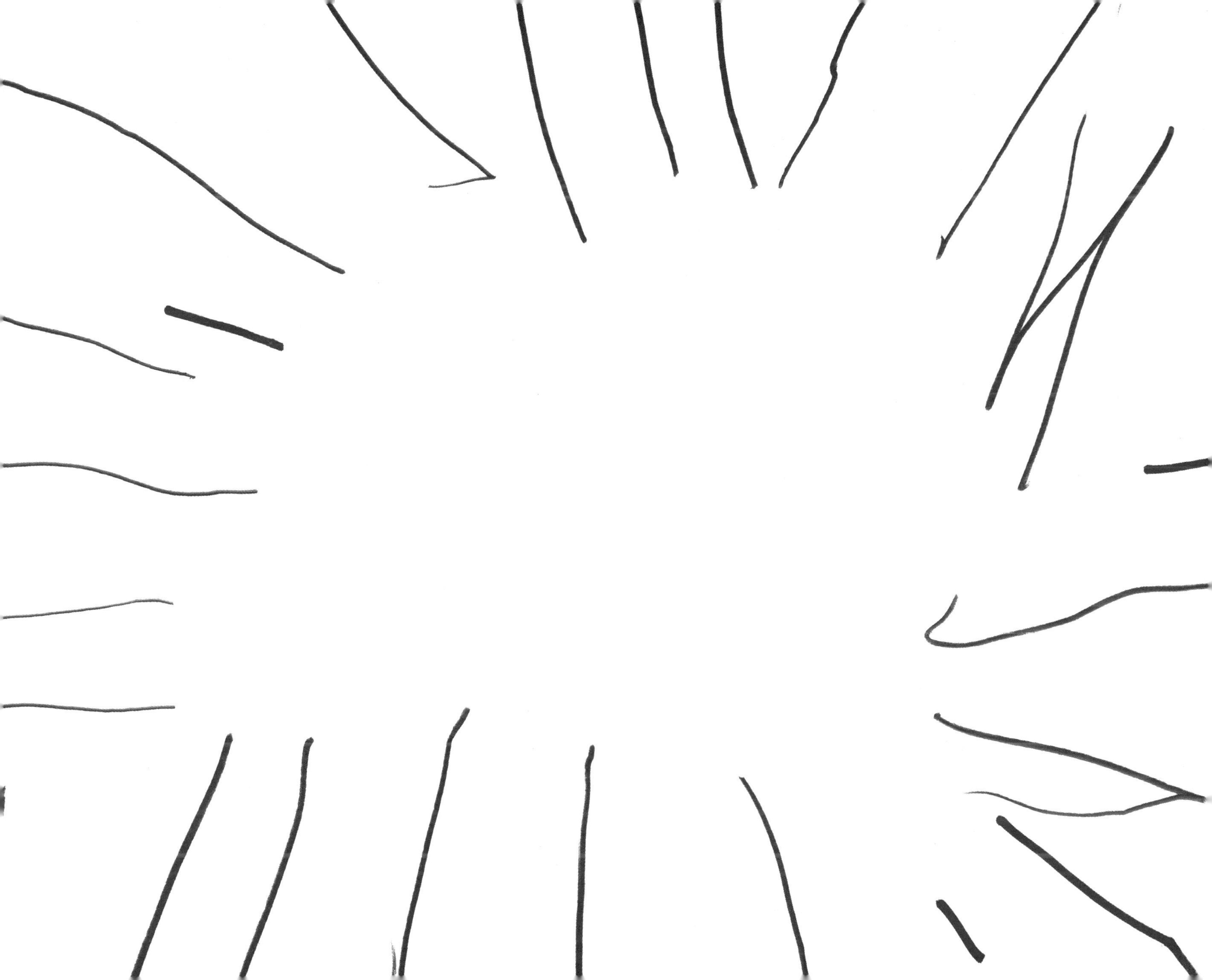

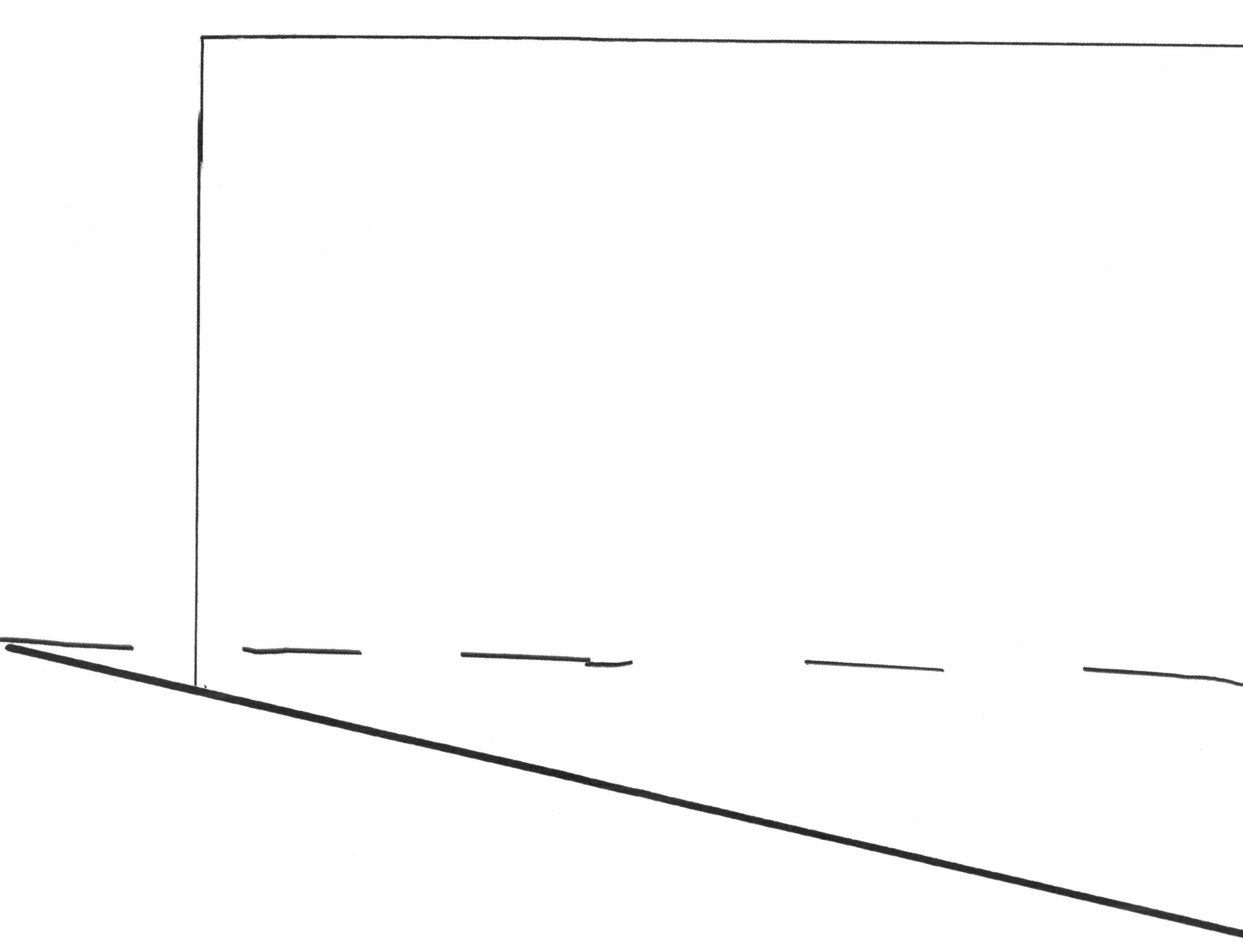

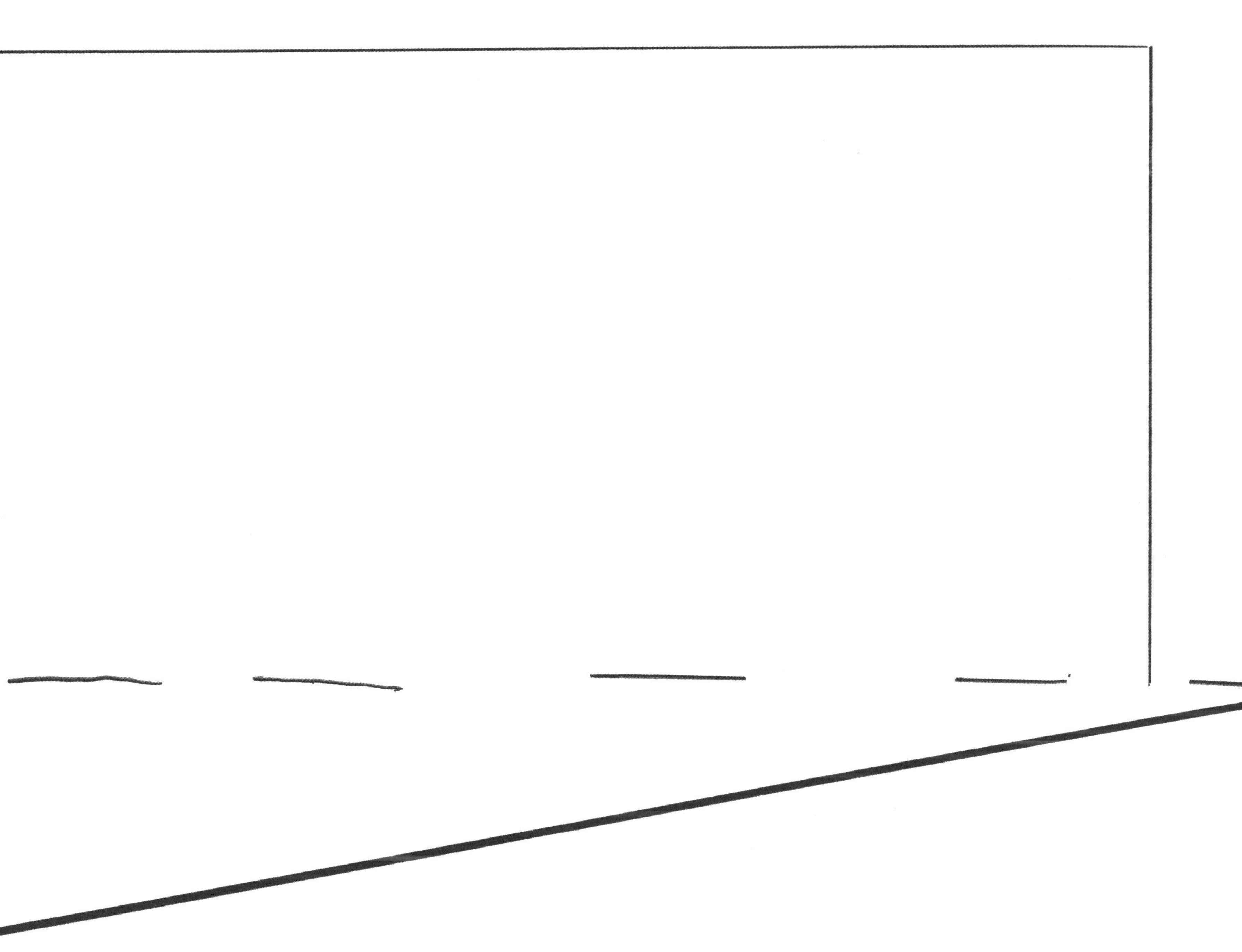

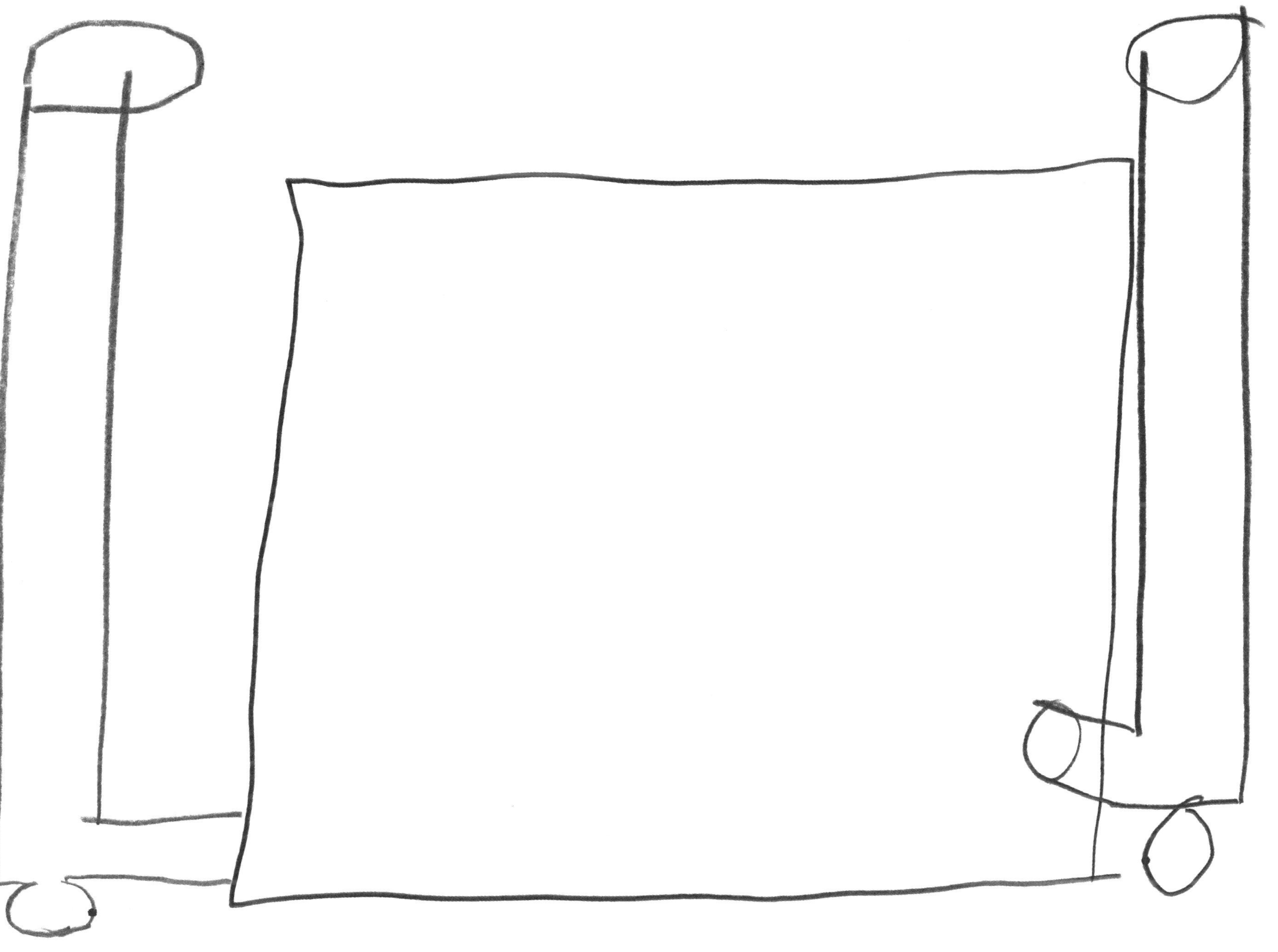

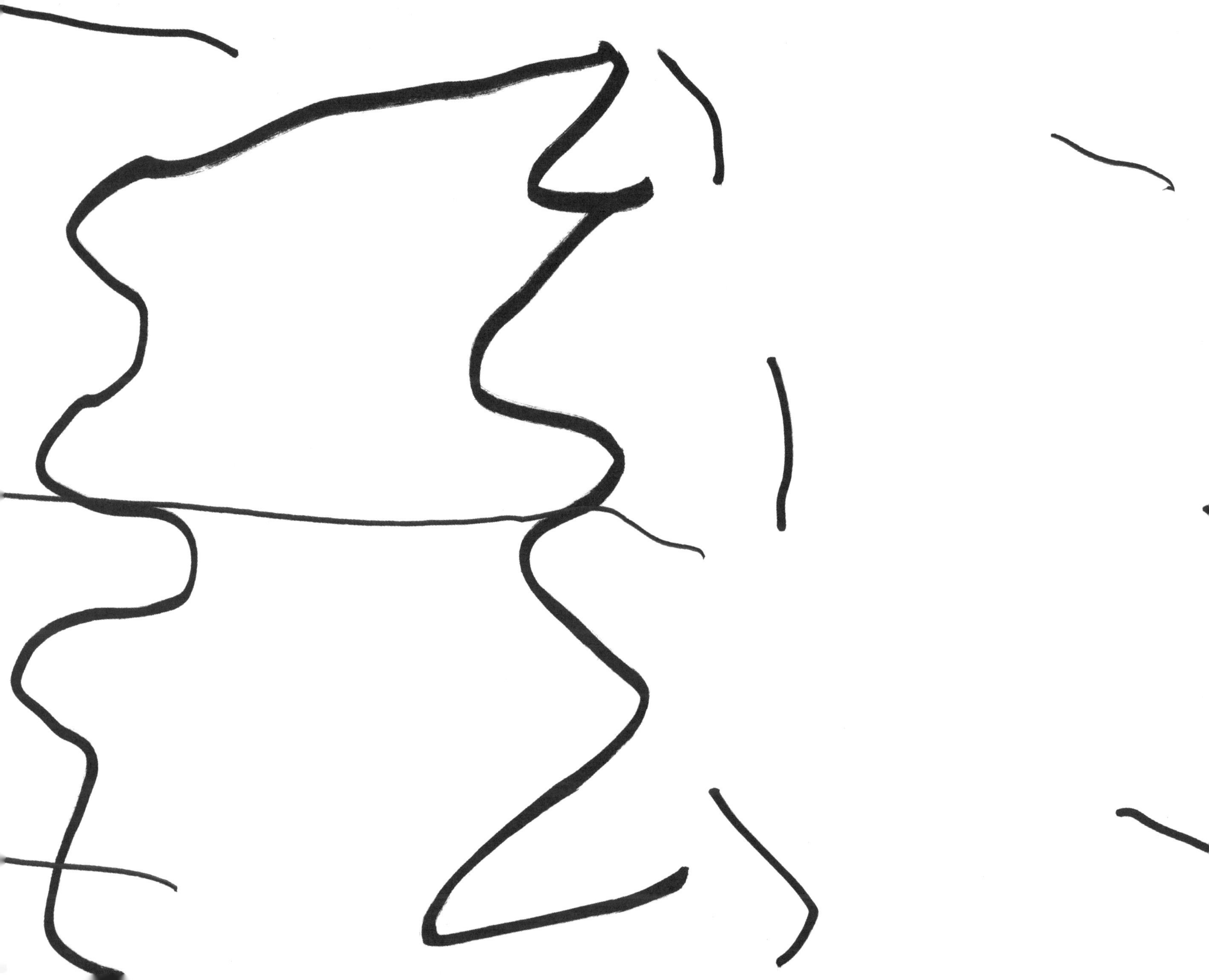

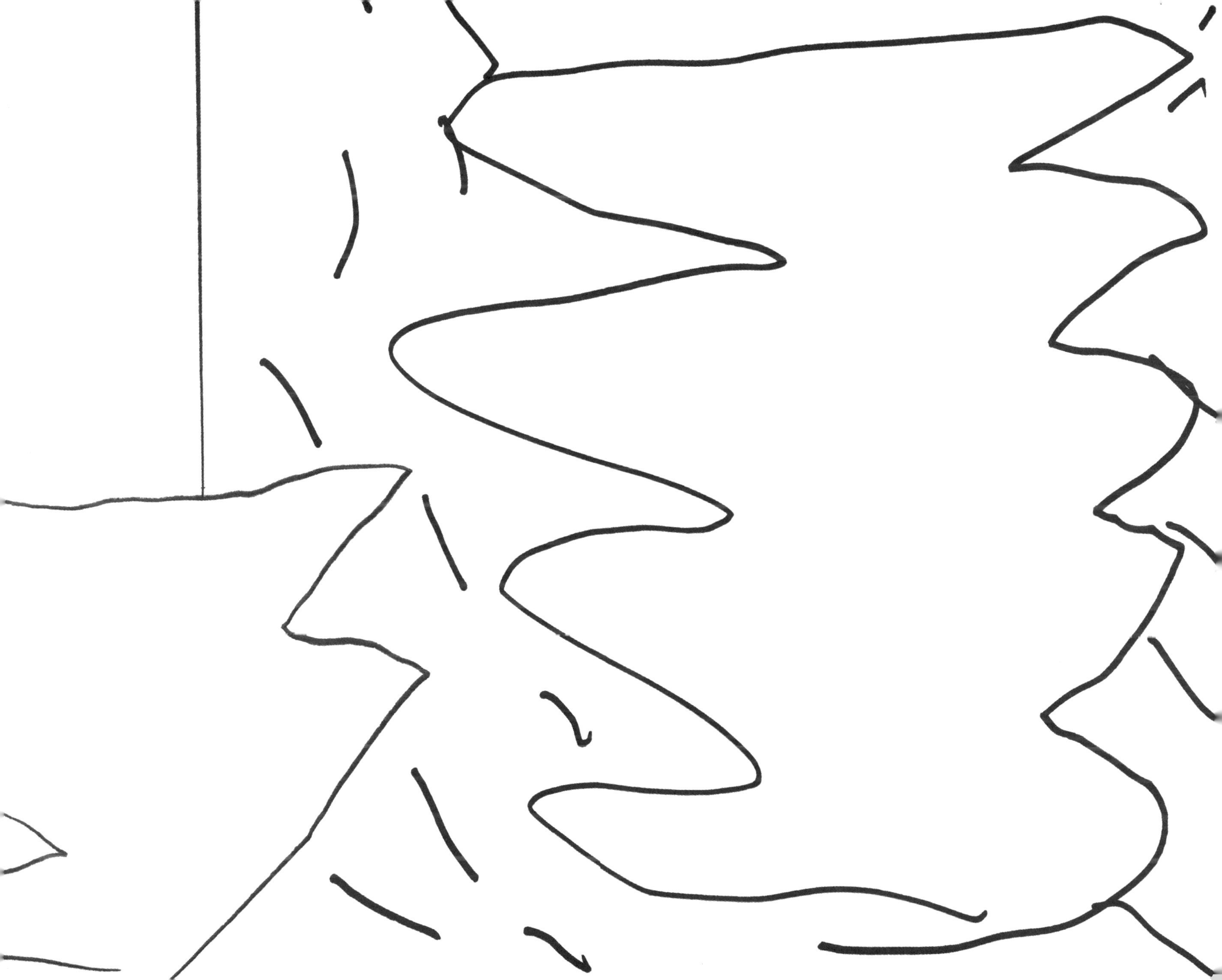

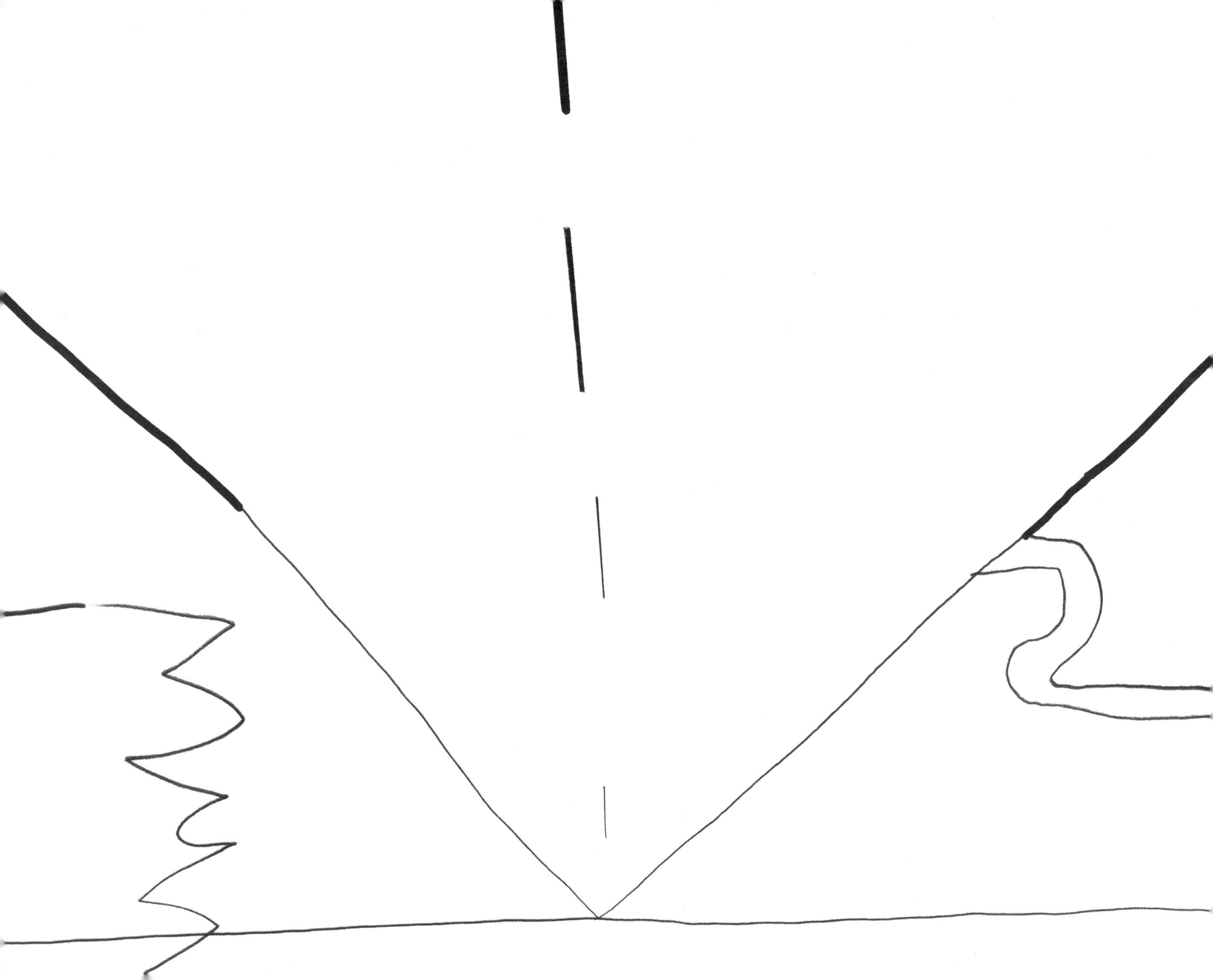